Impressum
Verlag: BABADADA GmbH, Nedderfeld 112 , 22529 Hamburg
Geschäftsführer / Verlagsleitung: Harald Hof
Druck: Books on Demand GmbH, In de Tarpen 42, 22848 Norderstedt

Imprint
Publisher: BABADADA GmbH, Nedderfeld 112 , 22529 Hamburg, Germany
Managing Director / Publishing direction: Harald Hof
Print: Books on Demand GmbH, In de Tarpen 42, 22848 Norderstedt

سکول

school

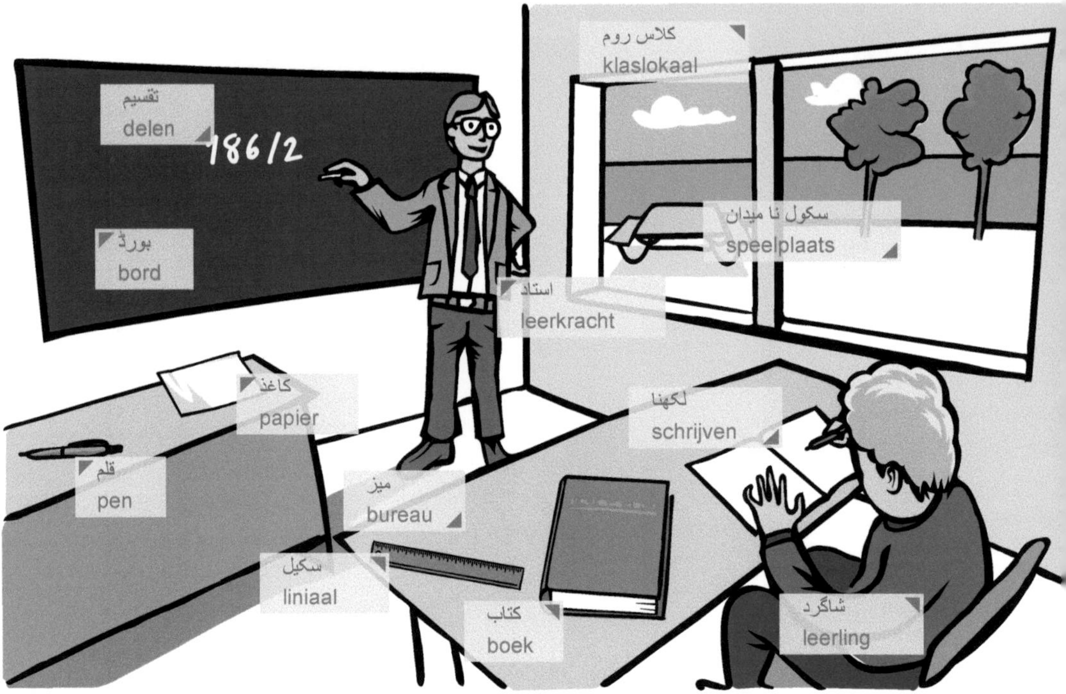
کلاس روم
klaslokaal
تقسیم
delen
186/2
بورڈ
bord
سکول نا میدان
speelplaats
استاد
leerkracht
کاغذ
papier
لکھنا
schrijven
قلم
pen
میز
bureau
سکیل
liniaal
کتاب
boek
شاگرد
leerling

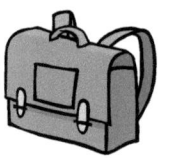

جزدان

schooltas

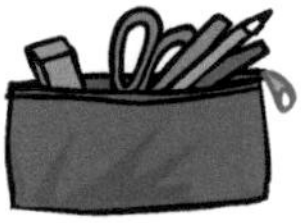

پینسل دا ڈبہ

pennenzak

پینسل

potlood

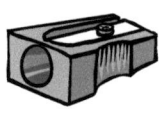

پینسل شارپنر

puntenslijper

ربر

gom

ڈرائنگ پیڈ

tekenblok

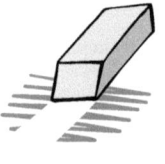

ڈرائنگ

tekening

پینٹ برش

verfborstel

پینٹ باکس

verfdoos

قینچی

schaar

گلو

lijm

مشقی کتاب

werkboek

گھر دا کم

huiswerk

12

عدد

nummer

2+2

جمع

optellen

5-2

تفریق

aftrekken

2×2

ضرب

vermenigvuldigen

کیلکولیٹ

rekenen

A

خطرہ

letter

**ABCDEFG
HIJKLMN
OPQRSTU
VWXYZ**

حروف تہجی

alfabet

hello

لفظ

woord

متن
tekst

پڑھنا
Lezen

چاک
krijt

سبق
les

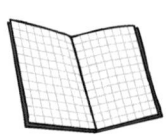

رجسٹر
klassenboek

امتحان
examen

سند
certificaat

سکول نی وردی
schooluniform

تعلیم
onderwijs

انسائیکلوپیڈیا
encyclopedie

یونیورسٹی
universiteit

مائیکرو سکوپ
microscoop

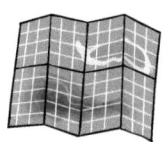

نقشہ
kaart

کچرے نا ڈبہ
papiermand

سفر
reis

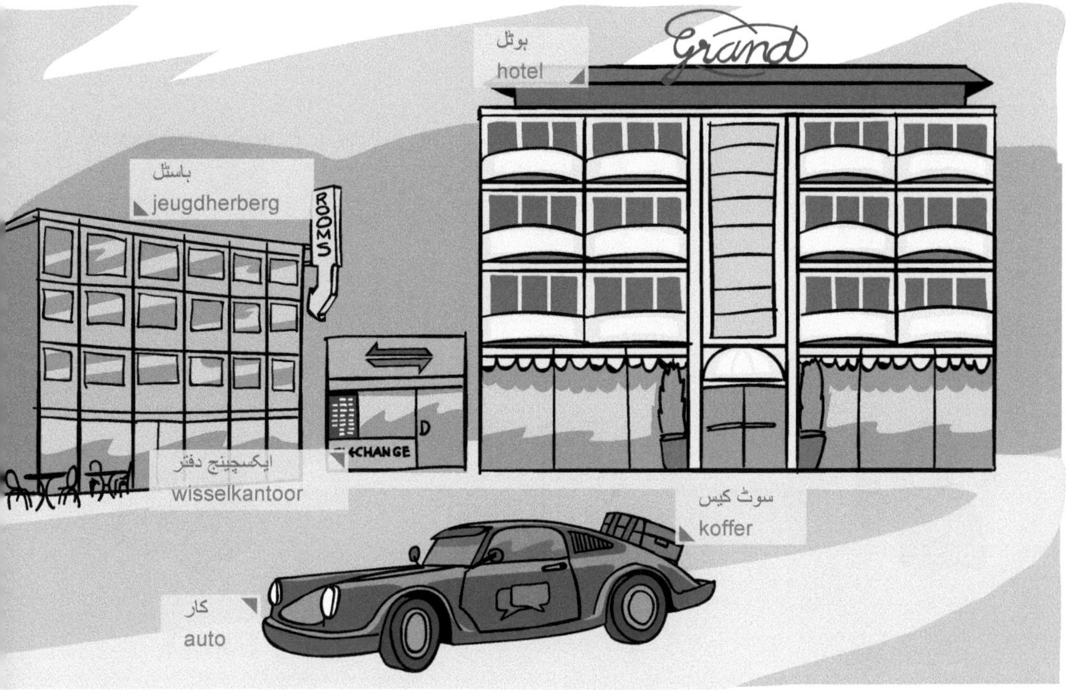
Grand
بوٹل
hotel
باسٹل
jeugdherberg
ROOMS
ایکسچینج دفتر
wisselkantoor
EXCHANGE
سوٹ کیس
koffer
کار
auto

بولی
Taal

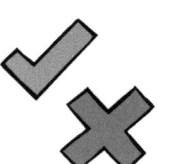

ہاں /نئیں
ja / nee

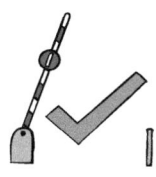

ٹھیک ہے
oké

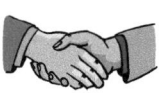

اسلام و علیکم
hallo

ترجمان
vertaler

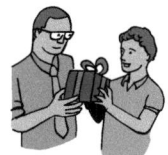

شکریہ
bedankt

ایہہ کنے نے ؟

Hoeveel kost …?

می سمجھ نئیں رہی

Ik begrijp het niet

مسئلہ

probleem

اسلام و علیکم

Goedenavond!

اسلام و علیکم

Goedemorgen!

اللہ حافظ

Goedenavond!

اللہ نے حوالے

Tot ziens

سمت

richting

سامان

bagage

بیگ

zak

بیک پیک

rugzak

مہمان

gast

کمرہ

kamer

سلیپنگ بیگ

slaapzak

خیمہ

tent

سياح لئى معلومات
....
toeristeninformatie

ساحل سمندر
....
strand

کریڈٹ کارڈ
....
kredietkaart

ناشتہ
....
ontbijt

دوپہر نا کھانا
....
lunch

رات نا کھانا
....
avondeten

ٹکٹ
....
ticket

لفٹ
....
lift

مہر
....
postzegel

بارڈر
....
grens

کسٹمز
....
douane

ایمبیسی
....
ambassade

ویزا
....
visum

پاسپورٹ
....
paspoort

ٹرانسپورٹ

transport

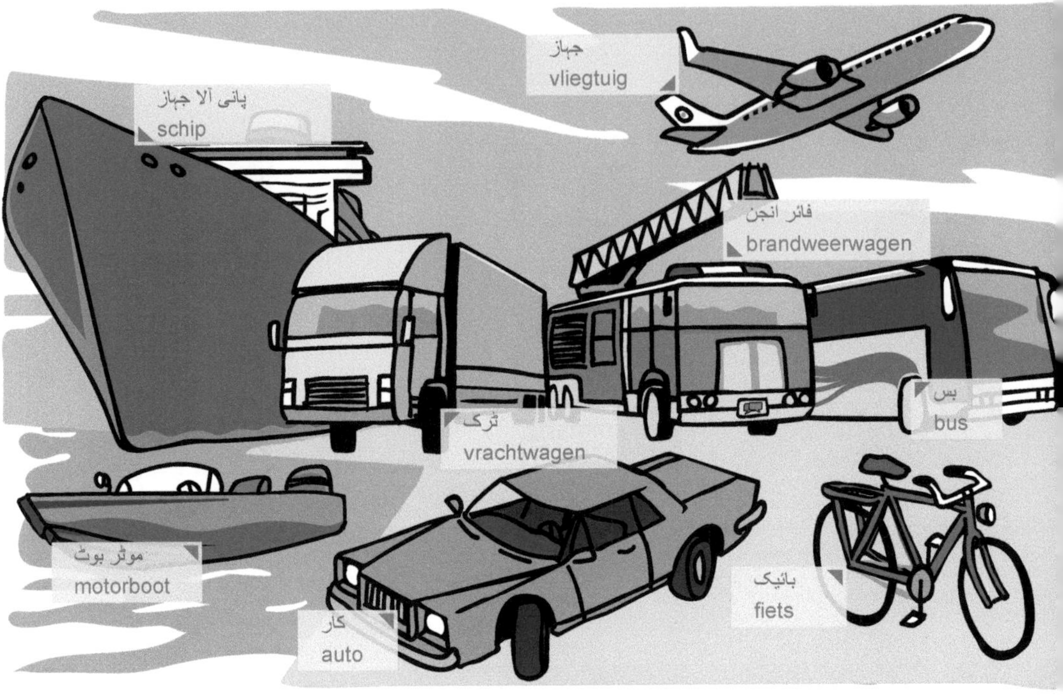

جہاز
vliegtuig
پانی آلا جہاز
schip
فائر انجن
brandweerwagen
بس
bus
ٹرک
vrachtwagen
موٹر بوٹ
motorboot
کار
auto
بائیک
fiets

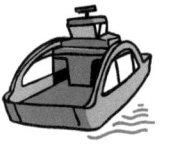

فیری

veerboot

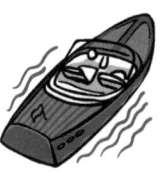

کشتی

boot

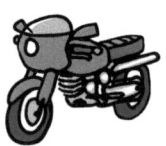

موٹر بائیک

motor

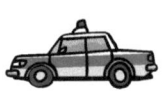

پولیس کار

politiewagen

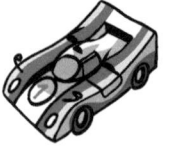

ریسنگ کار

racewagen

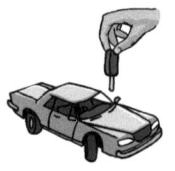

کرایہ نی گڈّ

huurauto

کار شیئرنگ

carpoolen

بریک ڈاؤن ٹرک

sleepwagen

ریفیوز ٹرک

vuilniswagen

موٹر

motor

فیول

benzine

پٹرول سٹیشن

benzinestation

ٹریفک سائن

verkeersbord

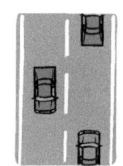

ٹریفک

verkeer

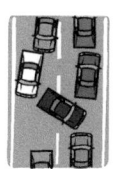

ٹریفک جام

file

کار پارک

parkeerplaats

ریل سٹیشن

station

ٹریکس

sporen

ریل

trein

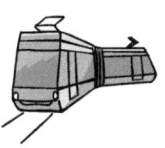

ٹرام

tram

کیرج

wagon

ہیلی کاپٹر

helikopter

ائر پورٹ

luchthaven

مینار

toren

مسافر

passagier

کنٹینر

container

کاٹن

karton

چھکڑا

kar

بالٹی

mand

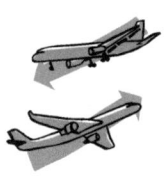

اڑنا / لہنا

opstijgen / landen

شہر

stad

پنڈ

dorp

سٹی سینٹر

stadscentrum

کھار

huis

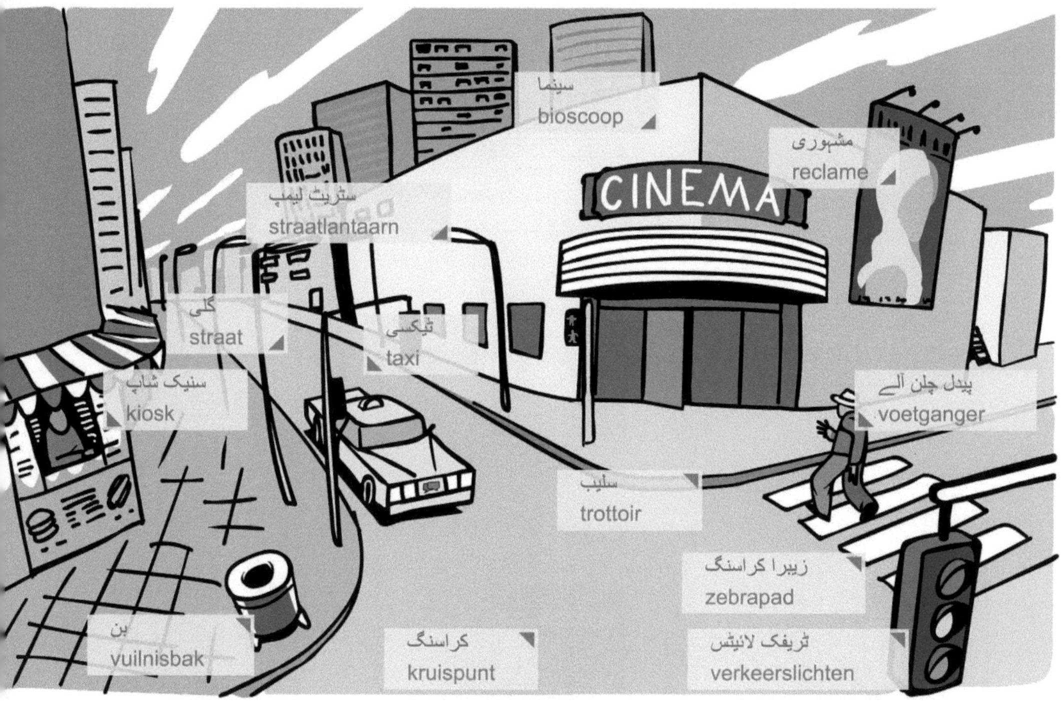

سینما
bioscoop

مشہوری
reclame

سٹریٹ لیمپ
straatlantaarn

CINEMA

گلی
straat

ٹیکسی
taxi

پیدل چلن آلے
voetganger

سنیک شاپ
kiosk

سلیب
trottoir

زیبرا کراسنگ
zebrapad

بن
vuilnisbak

کراسنگ
kruispunt

ٹریفک لائٹس
verkeerslichten

ہٹ
hut

فلیٹ
woning

ریل سٹیشن
station

ٹاؤن ہال
stadshuis

میوزئیم
museum

سکول
school

یونیورسٹی

universiteit

بینک

bank

ہسپتال

ziekenhuis

ہوٹل

hotel

فارمیسی

apotheek

دفتر

kantoor

کتب خانہ

boekwinkel

بٹی

winkel

پھلاں الے

bloemenwinkel

سپر مارکیٹ

supermarkt

بازار

markt

ڈیپارٹمنٹ سٹور

warenhuis

مچھیرے

vishandelaar

شاپنگ سینٹر

winkelcentrum

بندرگاہ

haven

پارک
....
park

بنچ
....
bank

پل
....
brug

سیڑھیاں
....
trap

انڈر گراؤنڈ
....
metro

ٹنل
....
tunnel

بس سٹاپ
....
bushalte

بار
....
bar

ریسٹورنٹ
....
restaurant

پوسٹ بکس
....
brievenbus

سٹریٹ سائن
....
straatnaambord

پارکنگ میٹر
....
parkeermeter

چڑیا گھار
....
zoo

سونمنگ پول
....
zwembad

مسجد
....
moskee

فارم

boerderij

آلودگی

milieuverontreiniging

قبرستان

kerkhof

چرچ

kerk

پلے گراؤنڈ

speelplaats

مندر

tempel

منظر

landschap

پتہ
blad

سائن پوسٹ
wegwijzer

راہ
weg

سر سبز میدان
weide

پتھر
steen

بانکر
wandelaar

درخت
boom

دریا
rivier

کاہ
gras

پھل
bloem

وادی
....
vallei

پہاڑی
....
heuvel

نہر
....
meer

جنگل
....
bos

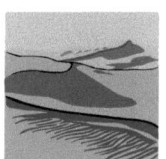

صحرا
....
woestijn

آتش فشاں
....
vulkaan

قلعہ
....
kasteel

رین بو
....
regenboog

کھمبی
....
paddenstoel

پام ٹری
....
palmboom

مچھر
....
mug

مکھی
....
vlieg

چیونٹا
....
mier

مکھی
....
bijl

مکڑی
....
spin

بهونرا

kever

مینڈک

kikker

گلهری

eekhoorn

سیهه

egel

ساهیا

haas

الو

uil

پرنده

vogel

راج بنس

zwaan

نر سور

wild zwijn

برن

hert

باره سنگا

eland

ڈیم

dam

ونڈ ٹربائن

windturbine

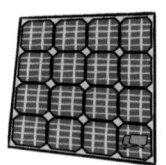

شمسی توانائی دا پینل

zonnepaneel

آب و ہوا

klimaat

ریسٹورنٹ

restaurant

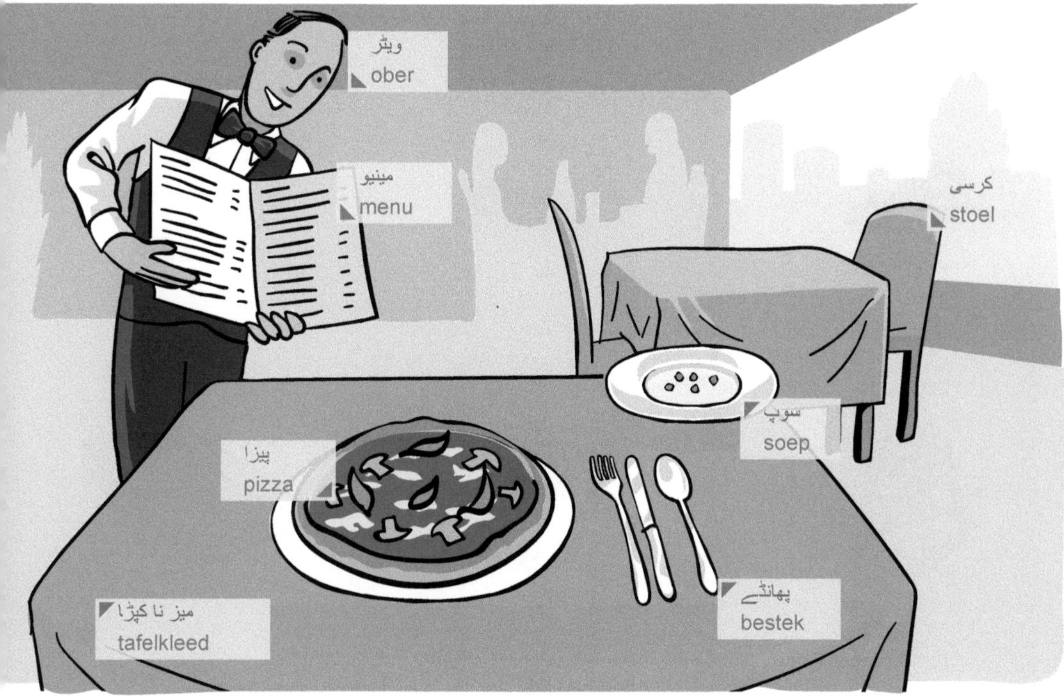

ویٹر
ober
مینیو
menu
کرسی
stoel
سوپ
soep
پیزا
pizza
میز نا کپڑا
tafelkleed
پھانڈے
bestek

سٹارٹر

....

voorgerecht

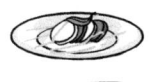

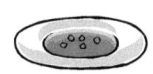

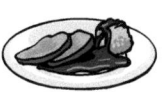

مین کورس

....

hoofdgerecht

ڈیزرٹ

....

nagerecht

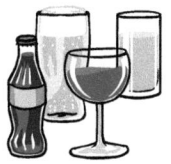

مشروب

....

drankjes

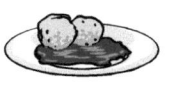

کھانا

....

eten

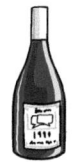

بوتل

....

fles

فاسٹ فوڈ

fastfood

سٹریٹ فوڈ

street food

ٹی پاٹ

theepot

شوگر بول

suikerpot

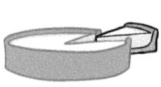

پورشن

portie

اسپریسو مشین

espressomachine

بانی چیئر

kinderstoel

بل

rekening

ٹرے

dienblad

چھری

mes

کانٹا

vork

چمچ

lepel

ٹی سپون

theelepel

تولیہ

serviette

گلاس

glas

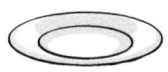

پلیٹ

bord

سوپ پلیٹ

soepbord

ساسر

schoteltje

چٹنی

saus

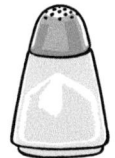

نمک دانی

zoutvatje

پیپر مل

pepermolen

سرکہ

azijn

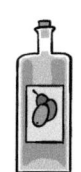

تیل

olie

مصالحہ

kruiden

کیچپ

ketchup

سرسینوں

mosterd

مینیز

mayonaise

سپر مارکیٹ
supermarkt

سپیشل آفر
aanbieding
FOR
گاہک
klant
ڈیری
zuivelproducten
پھل
fruit
ٹرالی
winkelwagen

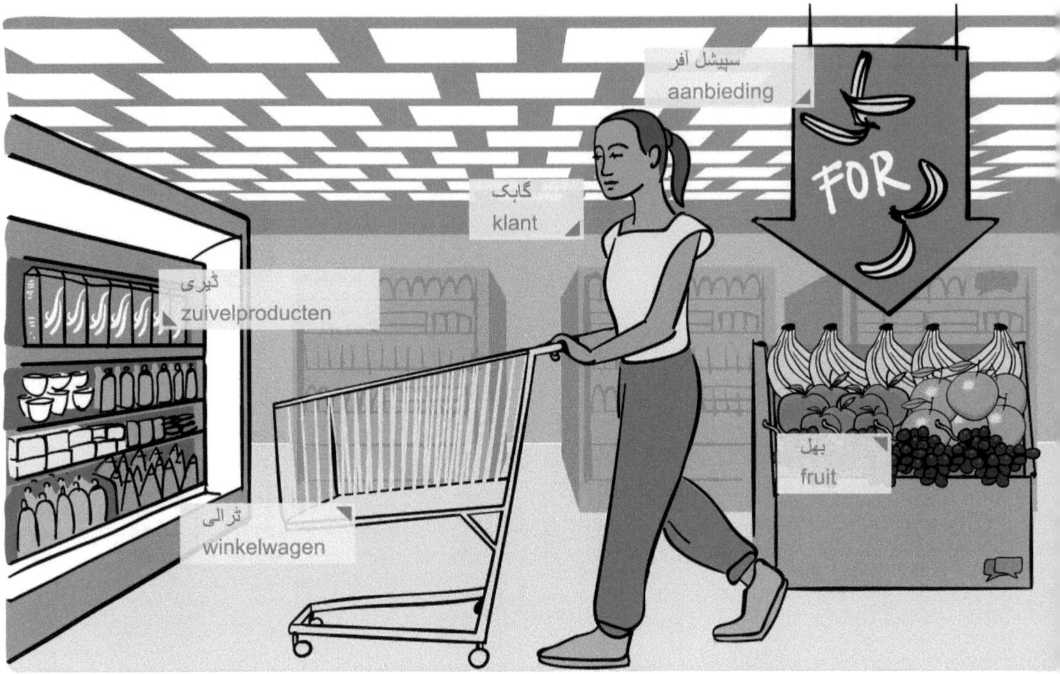

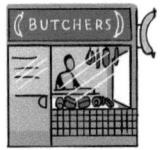

BUTCHERS

قصائی

slagerij

BAKERY

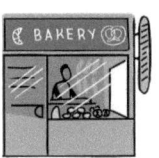

بیکرز

bakkerij

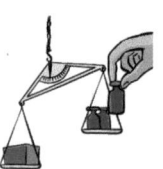

وزن

wegen

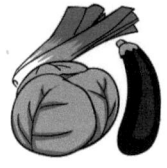

سبزیاں

groenten

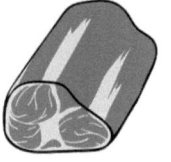

گوشت

vlees

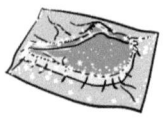

فروزن فوڈ

diepvriesvoedsel

كولڈ گوشت

charcuterie

ٹن فوڈ

conserven

واشنگ پوڈر

waspoeder

مٹھائی

snoep

کھار دیاں چیزاں

huishoudproducten

صفائی آلی چیزاں

schoonmaakproducten

سیل مین

verkoopster

ٹل

kassa

کیشئیر

kassier

شاپنگ لسٹ

boodschappenlijstje

کھلن دا ویلا

openingstijden

پرس

portefeuille

کریڈٹ کارڈ

kredietkaart

بیگ

tas

پلاسٹک بیگ

plastieken zakje

پانی

water

جوس

sap

ددھ

melk

کوک

cola

شراب

wijn

شراب

bier

شراب

alcohol

کوکا

cacao

چا

thee

کافی

koffie

أسپريسو

espresso

کپچینو

cappuccino

كيلا

banaan

سيب

appel

موسمبی

sinaasappel

تربوز

meloen

نيمبو

citroen

گاجر

wortel

لہسن

knoflook

بانس

bamboe

پياز

ajuin

کھمبی

champignon

ميوے

noten

نوڈلز

noodles

سپيگيٹی
....
spaghetti

چاول
....
rijst

سلاد
....
salade

چپس
....
frieten

تلے ہوئے آلو
....
gebakken aardappelen

پیزا
....
pizza

بیم برگر
....
hamburger

سینڈوچ
....
sandwich

تکے
....
kalfslapje

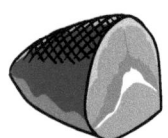

بیم
....
ham

سلامی
....
salami

ساسج
....
worst

مرغی
....
kip

بھنیا ہویا
....
braden

مچھی
....
vis

جو نا دلیہ

havervlokken

مولی

muesli

کارن فلیکس

cornflakes

آٹا

bloem

کرانسنٹ

croissant

بریڈ رول

pistolet

روٹی

brood

ٹوسٹ

toast

بسکٹ

koekjes

مکھن

boter

دہی

kwark

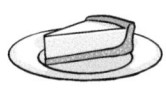

کیک

taart

انڈا

ei

تلیا انڈا

spiegelei

پنیر

kaas

أئس كريم

ijs

چینی

suiker

شہد

honing

جام

confituur

چاکلیٹ سپریڈ

choco

سالن

curry

فارم
boerderij

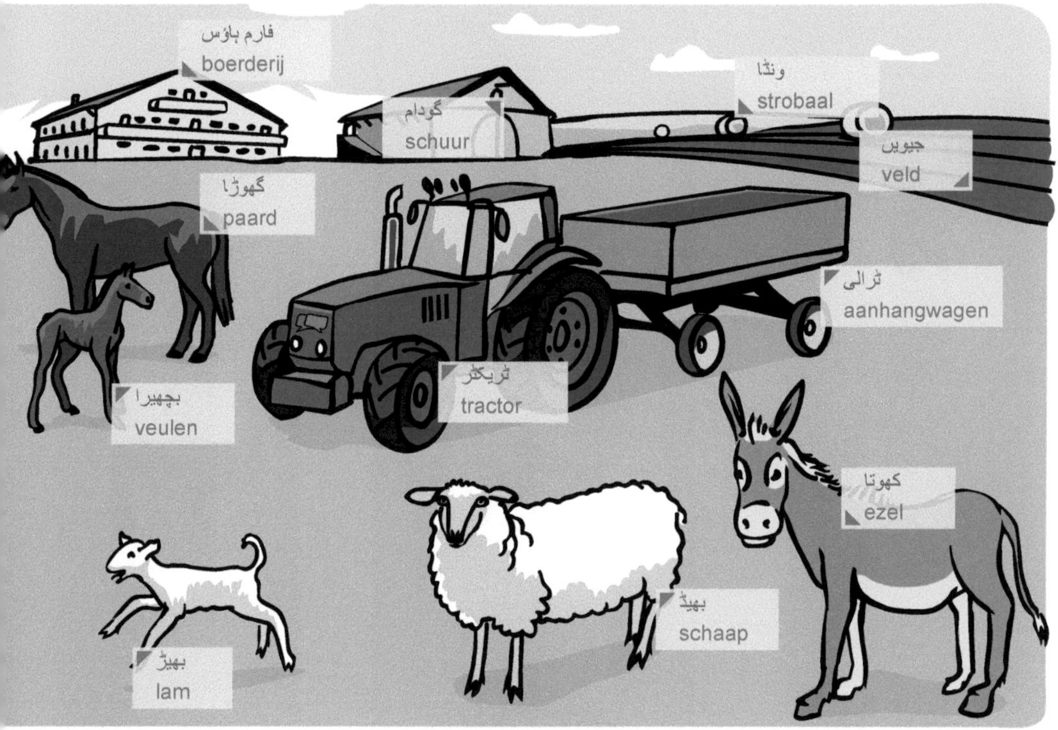

فارم ہاؤس
boerderij
گودام
schuur
ونڈا
strobaal
جیویں
veld
گھوڑا
paard
ٹرالی
aanhangwagen
ٹریکٹر
tractor
بچھیرا
veulen
کھوتا
ezel
بھیڈ
schaap
بھیڑ
lam

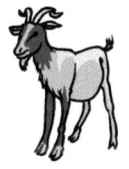

بکری
geit

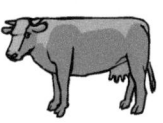

گاں
koe

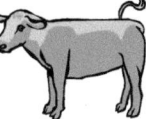

بچھڑا
kalf

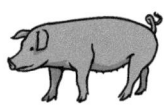

سور
varken

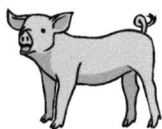

پگ لیٹ
biggetje

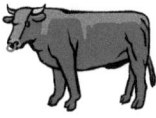

بیل
stier

بطخ

gans

بطخ

eend

چوزه

kuiken

مرغی

kip

مرغا

haan

چوہا

rat

بلی

kat

چوہا

muis

بیل

os

کتا

hond

کتے نا کھار

hondenhok

لان نا پائپ

tuinslang

پانی نا ڈبی

gieter

درانتی

zeis

ہل

ploeg

درانتی

sikkel

ہو

schoffel

ترنگل

hooivork

کوہاڑی

bijl

ریڑھی

kruiwagen

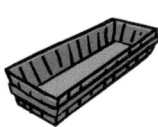

ڈونگا

trog

ددھ نا ڈبہ

melkkan

بورا

zak

باڑ

hek

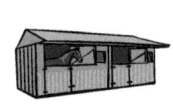

اصطبل

stal

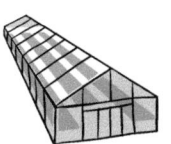

گرین ہاؤس

broeikas

مٹی

bodem

بیج

zaad

کھاد

mest

کمبائن ہارویسٹر

maaidorser

فصل
....
oogsten

فصل
....
oogst

يامز
....
yam

كنك
....
tarwe

سويا
....
soja

آلو
....
aardappel

مكئى
....
maïs

تلى
....
koolzaad

پهلدار درخت
....
fruitboom

كاساوا
....
maniok

اناج
....
graan

کھار
huis

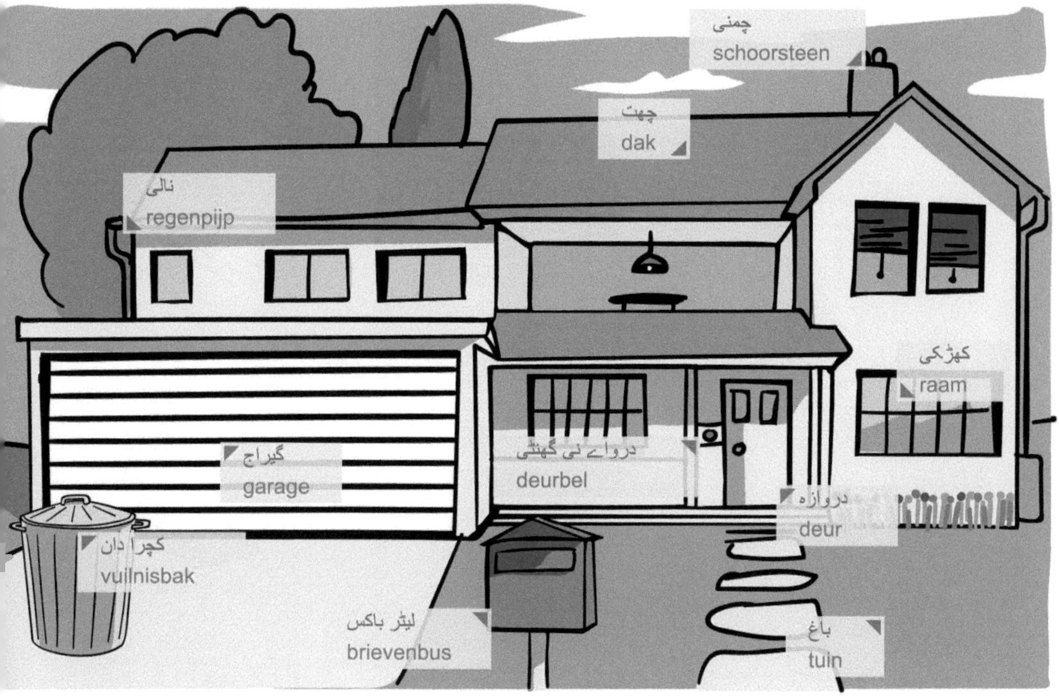
چمنی
schoorsteen
چھت
dak
نالی
regenpijp
کھڑکی
raam
گیراج
garage
دروازے نی گھنٹی
deurbel
دروازہ
deur
کچرا دان
vuilnisbak
لیٹر باکس
brievenbus
باغ
tuin

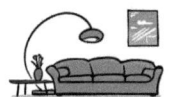

لونگ روم

woonkamer

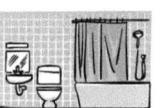

باتھ روم

badkamer

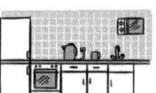

باورچہ خانہ

keuken

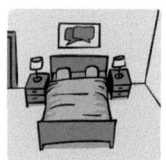

بیڈروم

slaapkamer

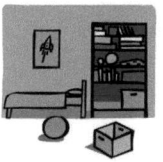

بچیاں نا کمرہ

kinderkamer

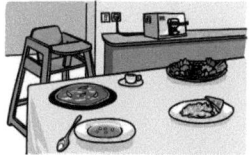

ڈائننگ روم

eetkamer

فرش
....
vloer

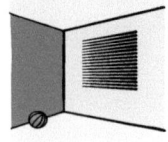

ديوار
....
muur

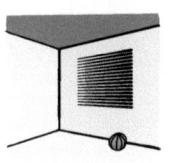

چهت
....
plafond

سلهبا
....
kelder

سوانا
....
sauna

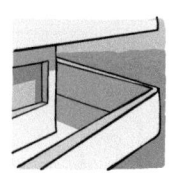

بالکنی
....
balkon

ٹیرس
....
terras

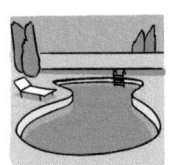

پول
....
zwembad

لان موور
....
grasmaaier

شیٹ
....
dekbedovertrek

بیڈ سپریڈ
....
dekbed

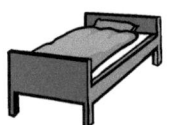

بیڈ
....
bed

جهاڑو
....
bezem

بالٹی
....
emmer

سونچ
....
schakelaar

لونگ روم

woonkamer

وال پیپر
behangpapier
تصویر
foto
لیمپ
lamp
شیلف
schap
الماری
kast
ٹیلیویژن
televisie
آگ دان
open haard
پھل
bloem
کشن
kussen
صوفہ
sofa
گلدان
vaas
ریموٹ کنٹرول
afstandsbediening

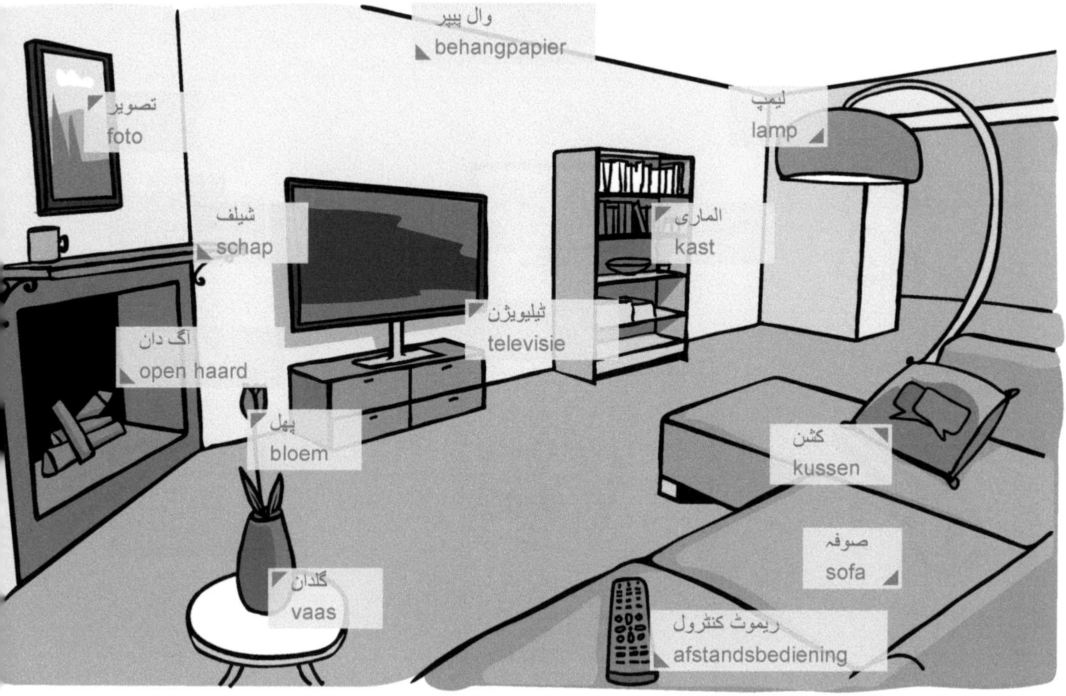

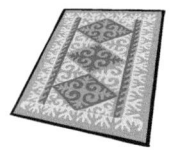

قالین

mat

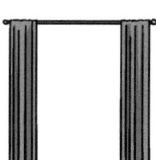

پردے

gordijn

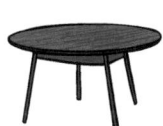

میز

tafel

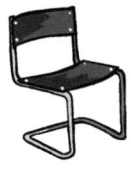

کرسی

stoel

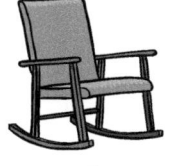

راکنگ چئیر

schommelstoel

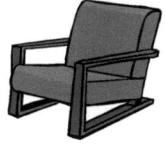

آرم چئیر

fauteuil

کتاب

boek

کمبل

deken

ڈیکوریشن

decoratie

کولے

brandhout

فلم

film

بائی فائی آلات

stereo-installatie

چابی

sleutel

اخبار

krant

پینٹنگ

schilderij

پوسٹر

poster

ریڈیو

radio

نوٹ پیڈ

notitieboekje

بوور

stofzuiger

کیکٹس

cactus

موم بتی

kaars

باورچہ خانہ
keuken

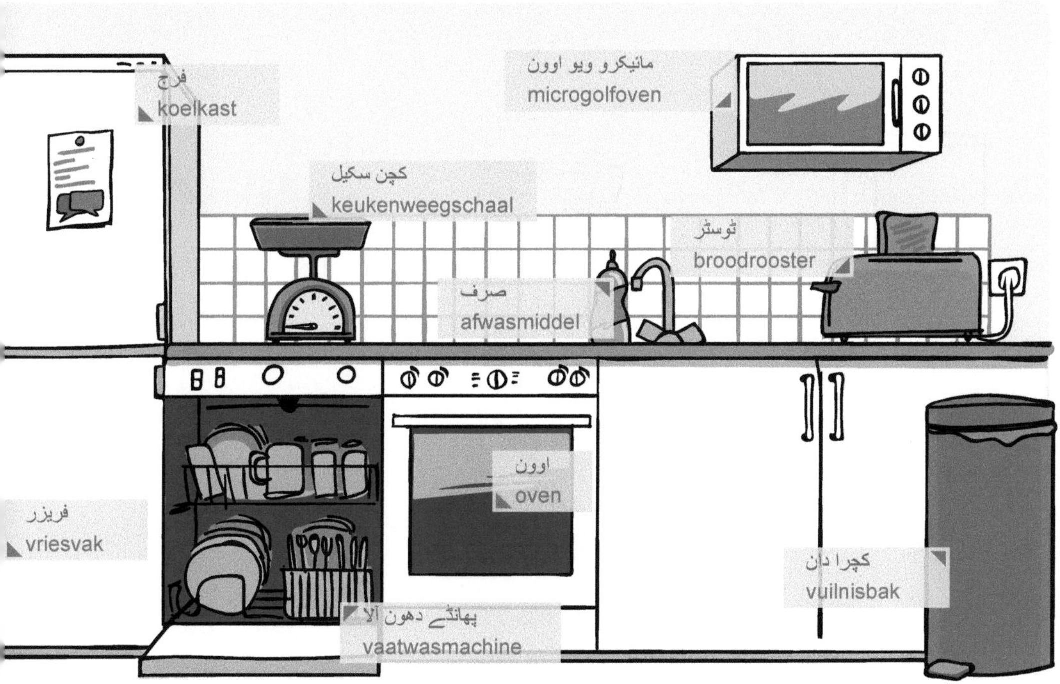
فرج
koelkast
مائیکرو ویو اوون
microgolfoven
کچن سکیل
keukenweegschaal
ٹوسٹر
broodrooster
صرف
afwasmiddel
اوون
oven
فریزر
vriesvak
کچرا دان
vuilnisbak
پھانڈے دھون آلا
vaatwasmachine

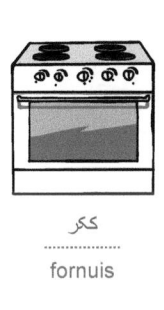

ککر

fornuis

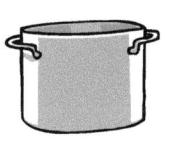

پاٹ

pot

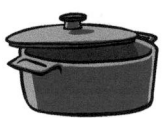

کاسٹ آئرن پاٹ

gietijzeren pot

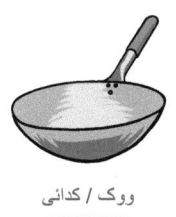

ووک / کدائی

wok / kadai

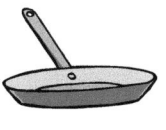

پین

pan

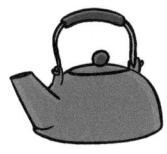

کیتلی

waterkoker

سٹیمر

stoomkoker

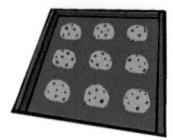

بیکنگ ٹرے

bakplaat

پھانڈے

servies

مگا

mok

پیالہ

kom

چوپ سٹکس

eetstokjes

کرچھل

pollepel

اسپالی

spatel

پھینٹن آلا

garde

چھننا

vergiet

چھننی

zeef

جھاوان

rasp

کھان پکان آلا چمچہ

mortier

باربی کیو

barbecue

چولھا

haardvuur

کٹنگ بورڈ

snijplank

رولنگ پن

deegrol

کارک سکرو

kurkentrekker

کین

blik

کین کھلون آلا

blikopener

پاٹ پگڑن آلا

pannenlap

سنک

gootsteen

برش

borstel

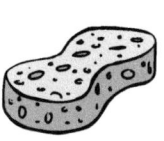

سپنج

spons

بلینڈر

blender

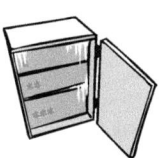

ڈیپ فریزر

vriezer

بچے نی بوتل

papfles

ٹوٹی

kraan

بیشنگ
verwarming

شاور
douche

تولیه
handdoek

شاور کرتن
douchegordijn

بیل باته
bubbelbad

نهان آلا تب
badkuip

گلاس
glas

واشنگ مشین
wasmachine

ترتی
kraan

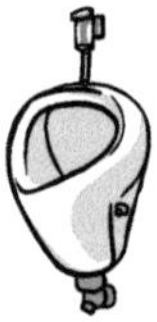

ثائل
tegels

پاخانه
kinderpo

سنک
gootsteen

ثوانلٹ	ثوانلٹ	بثت
toilet	hurktoilet	bidet
پیشاب	ثوانلٹ پیپر	ثوانلٹ برش
urinoir	toiletpapier	toiletborstel

ټوته برش

tandenborstel

ټوته پيسټ

tandpasta

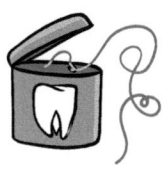

ډينټل فلاس

flosdraad

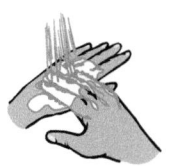

دهونا

wassen

بته وچ پهړن آلا شاور

handdouche

شاور

bidethanddouche

بيسن

waskom

بيک برش

rugborstel

صابن

zeep

شاور جيل

douchegel

شيپمو

shampoo

فلالين

washandje

نالى

afvoer

کريم

crème

ډيوډرنټ

deodorant

آئینہ

spiegel

بتہ آلا شیشہ

handspiegel

استرا

scheermes

شیونگ فوم

scheerschuim

آفٹر سیو

aftershave

کنگھا

kam

برش

borstel

بنیر ڈرائر

haardroger

بنیر سپرے

haarlak

میک اپ

make-up

لپ سٹک

lippenstift

ناخن نی وارنش

nagellak

کاٹن وول

watten

ناخن کٹر

nagelknipper

پرفیوم

parfum

واش بيگ

toilettas

پاخانہ

kruk

وزن دا پیمانہ

weegschaal

باتہ نی الماری

badjas

ربر نے دستانہ

latex handschoenen

بفر

tampon

تولیہ سٹینڈ

maandverband

کیمیکل ٹوائلٹ

chemisch toilet

بچیاں نا کمرہ

kinderkamer

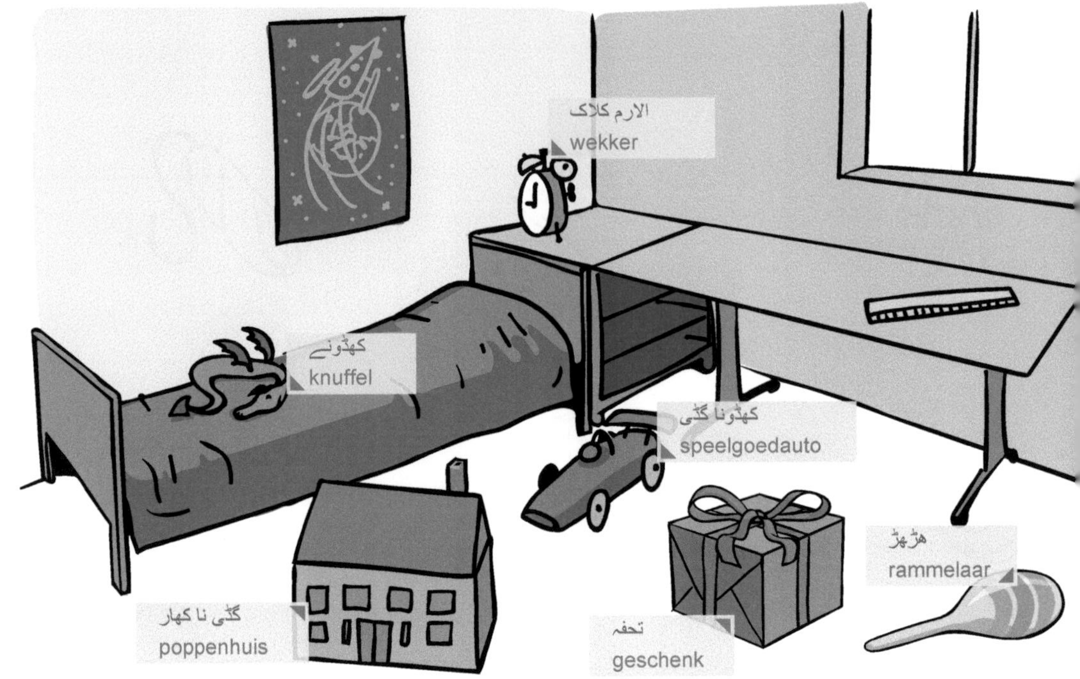

الارم کلاک
wekker
کھڈونے
knuffel
کھڈونا گڈی
speelgoedauto
ھڑھڑ
rammelaar
گڈی نا کھار
poppenhuis
تحفہ
geschenk

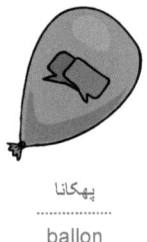

پھکانا

ballon

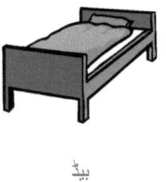

بیڈ

bed

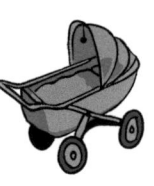

پرام

kinderwagen

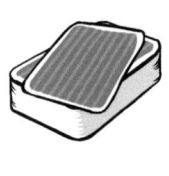

تاش نے پتے

spel kaarten

جگ سا

puzzel

SUPER MEGA

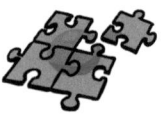

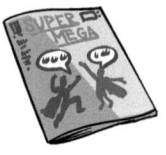

کامک

stripboek

لیگو برکس
....
legoblokjes

بلڈنگ بلاکس
....
blokken

کھڈونا
....
actiefiguur

بے بی گرو
....
kruippakje

فرزوی
....
frisbee

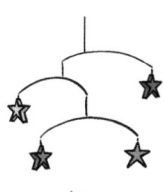

موبائل
....
mobiel

بورڈ گیم
....
bordspel

ڈائس
....
dobbelsteen

ماڈل ٹرن سیٹ
....
modelspoorweg

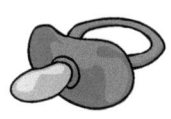

ڈمی
....
fopspeen

پارٹی
....
feest

تصویری کتاب
....
prentenboek

گیند
....
bal

گڈی
....
pop

کھیڈنا
....
spelen

سینڈ پٹ

zandbak

جھولا

schommel

کھلونے

speelgoed

ویڈیو گیم کنسول

spelconsole

ٹرائی سائیکل

driewieler

ٹیڈی بئیر

knuffelbeer

الماری

kleerkast

جراباں

sokken

جراباں

kousen

ٹائٹس

maillot

سکارف
sjaal

بیلٹ
riem

چھتری
paraplu

ٹی شرٹ
T-shirt

بوٹ
laarzen

سلیپر
slippers

جوگر
sneakers

سینڈل
....
sandalen

جوتی
....
schoenen

ربر نے جوتی
....
rubberlaarzen

انڈر ونیر
....
onderbroek

برا
....
beha

بنیان
....
onderhemd

کپڑے - kleding   45

جسم

lichaam

پاجامہ

broek

جینز

jeans

سکرٹ

rok

برا

blouse

قمیض

hemd

سوئیٹر

trui

ہوڈی

capuchontrui

کوٹ

blazer

جیکٹ

jas

کوٹ

jas

برساتی

regenjas

کاسٹیوم

kostuum

کپڑے

jurk

شادی نا جوڑا

trouwjurk

سوٹ

pak

راتے نے کپڑے

nachthemd

پاجامہ

pyjama

ساڑھی

sari

سکارف

hoofddoek

پگڑی

tulband

برقعہ

boerka

کفتان

kaftan

برقعہ

abaya

نہان والے کپڑے

badpak

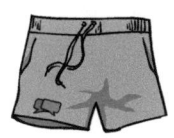

انڈروئیر

zwembroek

نیکر

short

ٹریک سوٹ

trainingspak

دھوتی

schort

دستانے

handschoenen

بٹن
....
knoop

چشمہ
....
bril

بریسلیٹ
....
armband

بار
....
ketting

انگوٹھی
....
ring

کنٹے
....
oorbel

ٹوپی
....
pet

کوٹ ہینگر
....
kapstok

ٹوپی
....
hoed

ٹائی
....
das

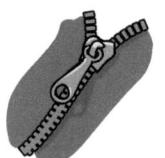

زپ
....
rits

ہیلمٹ
....
helm

بریسز
....
bretellen

سکول نی وردی
....
schooluniform

وردی
....
uniform

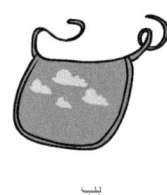

بب

slabbetje

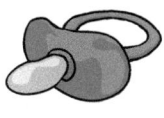

ڈمی

fopspeen

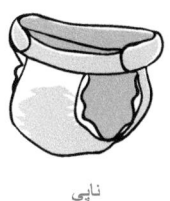

ناپی

luier

دفتر

kantoor

سرور
server
فائلاں نے الماری
dossierkast
پرنٹر
printer
کاغذ
papier
مانیٹر
monitor
ماؤس
muis
میز
bureau
فولڈر
map
کی بورڈ
toestenbord
کچرے نا ڈبہ
papiermand
کمپیوٹر
computer
کرسی
stoel

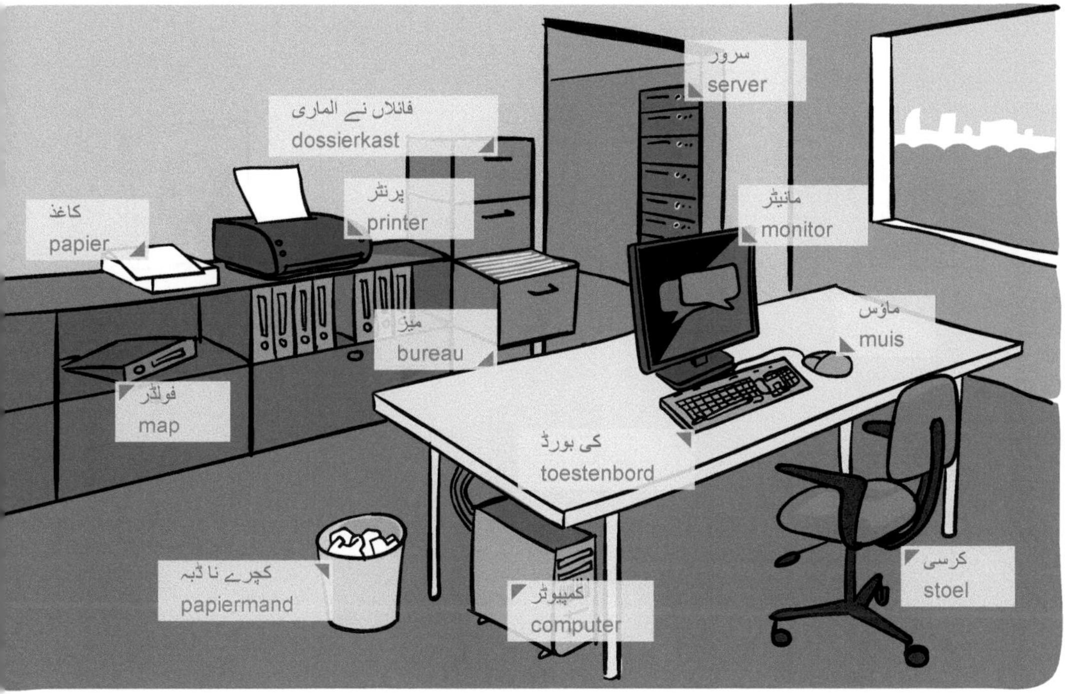

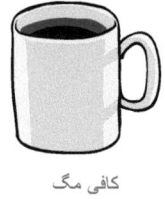

کافی مگ

koffiemok

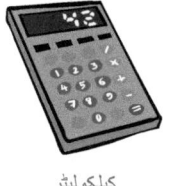

کیلکولیٹر

rekenmachine

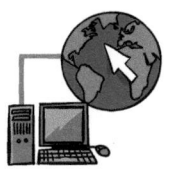

انٹرنیٹ

internet

لیپ ٹاپ

laptop

خط

brief

پیغام

bericht

موبائل

gsm

نیٹ ورک

netwerk

فوٹو کاپئیر

kopieerapparaat

سافٹ وئیر

software

ٹیلیفون

telefoon

پلگ ساکٹ

stopcontact

فکس مشین

fax

فارم

formulier

دستاویزات

document

خریدنا

kopen

ادا کرنا

betalen

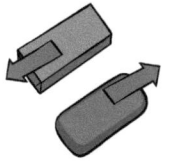

تجارت

handelen

پیسہ

geld

ڈالر

dollar

یورو

euro

ین

yen

ربل

roebel

سویس فرانک

Zwitserse frank

رینمینبی یوان

Chinese renminbi

روپیہ

roepie

کیش پوائنٹ

geldautomaat

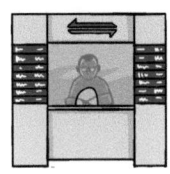

ایکسچینج دفتر

wisselkantoor

سونا

goud

چاندی

zilver

تیل

olie

توانائی

energie

قیمت

prijs

معاہدہ

contract

ٹیکس

belasting

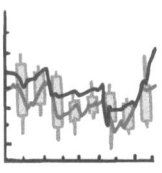

سٹاک

aandeel

کم

werken

ملازم

werknemer

آجر

werkgever

فیکٹری

fabriek

بٹی

winkel

پیشہ

beroepen

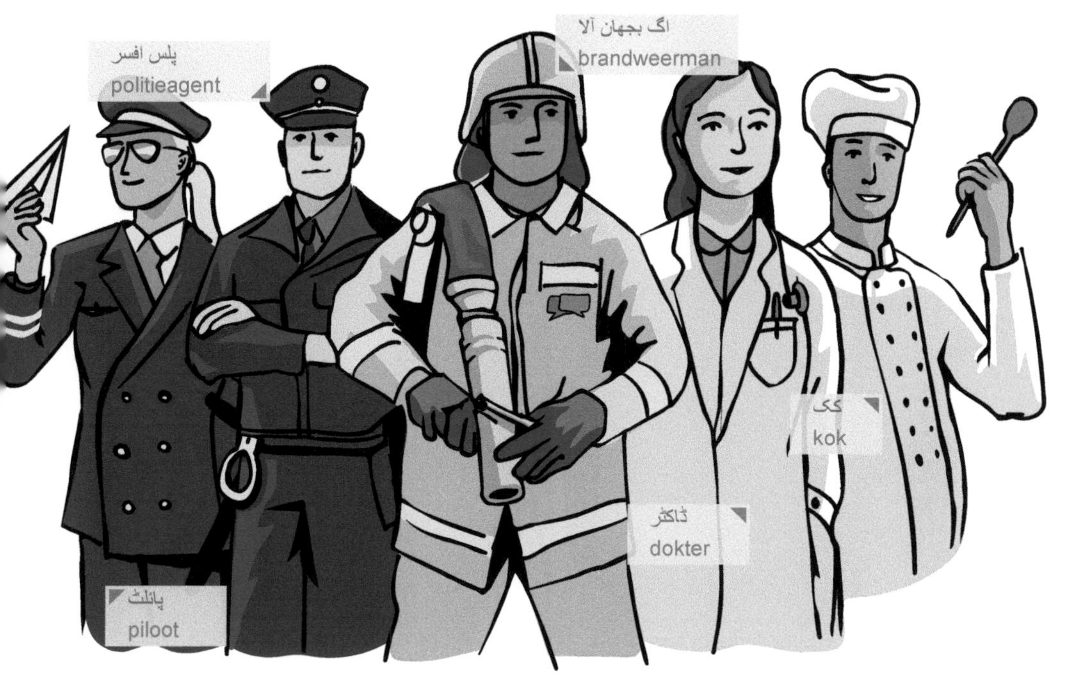

پلس افسر
politieagent
اگ بجھان آلا
brandweerman
کک
kok
ڈاکٹر
dokter
پائلٹ
piloot

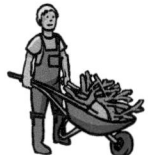

مالی

tuinman

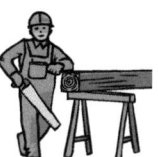

برھئی

timmerman

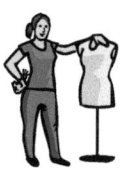

درزن

naaister

جج

rechter

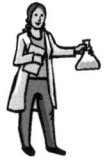

کیمسٹ

chemicus

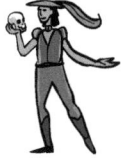

ایکٹر

acteur

بس ڈرائیور

buschauffeur

ٹیکسی ڈرائیور

taxichauffeur

مچھیرا

visser

صفائی آلی جنانی

schoonmaakster

روفر

dakdekker

ویٹر

ober

شکاری

jager

پینٹر

schilder

بیکری آلا

bakker

الیکٹریشن

elektricien

تعمیرات آلا

bouwvakker

انجینئر

ingenieur

قصائی

slager

پلمبر

loodgieter

پوسٹ مین

postbode

سپاہی

soldaat

آرکیٹیکٹ

architect

کیشیئر

kassier

پھلاں آلا

bloemist

نائی

kapper

کنڈکٹر

conducteur

مکینک

mecanicien

کپتان

kapitein

دندان ساز

tandarts

سائنس دان

wetenschapper

ربائی

rabbijn

امام

imam

راہب

monnik

انگریز

geestelijke

werktuigen

بتھوڑا
hamer

پلانر
tang

سکریو ڈرائیور
schroevendraaier

سپینر
schroefsleutel

ٹارچ
zaklamp

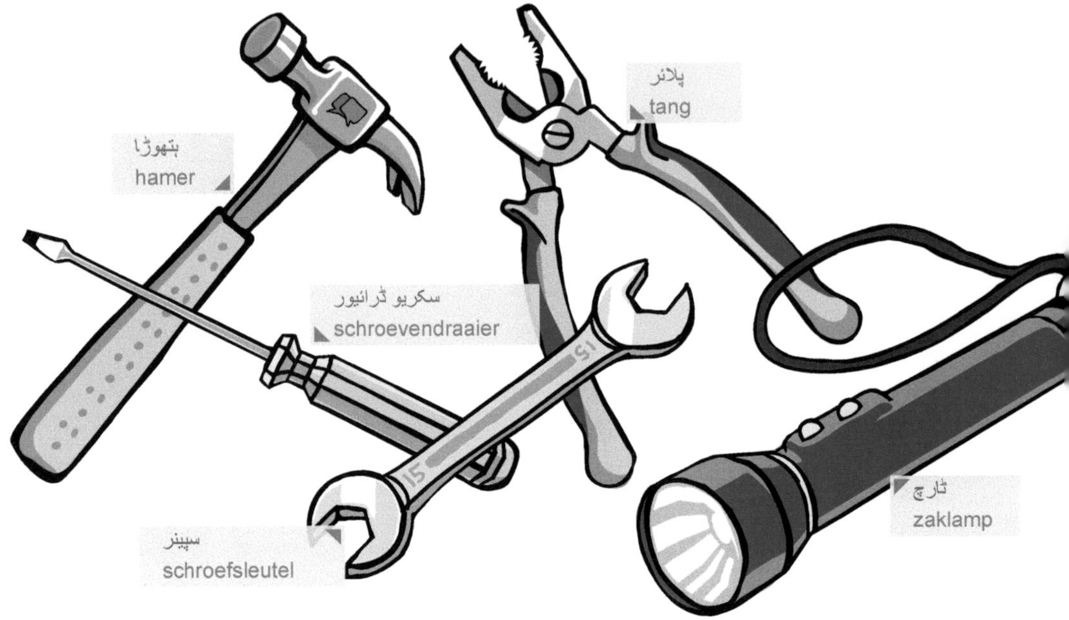

پھاوڑا
graafmachine

ٹول باکس
gereedschapskoffer

سیڑھی
ladder

آری
zaag

کیل
spijkers

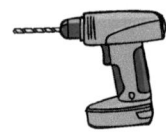

ڈرل
boormachine

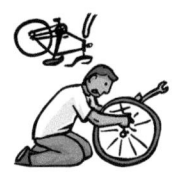

مرمت

repareren

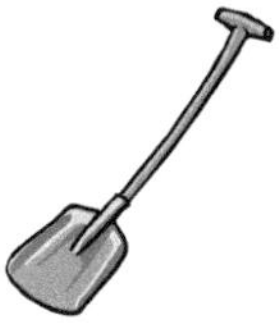

شاول

schop

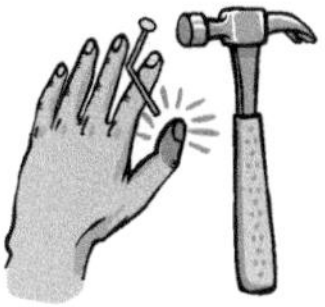

لعنت!

Verdomme!

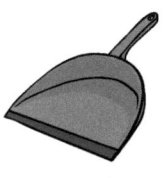

ڈسٹ پین

blik

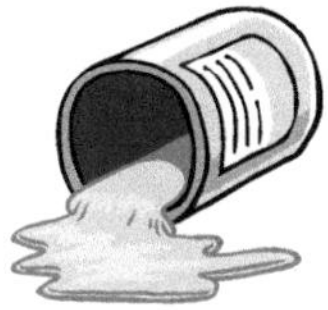

پینٹ پاٹ

verfpot

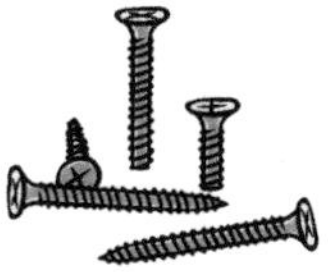

سکریوز

schroeven

موسیقی نے آلات

muziekinstrumenten

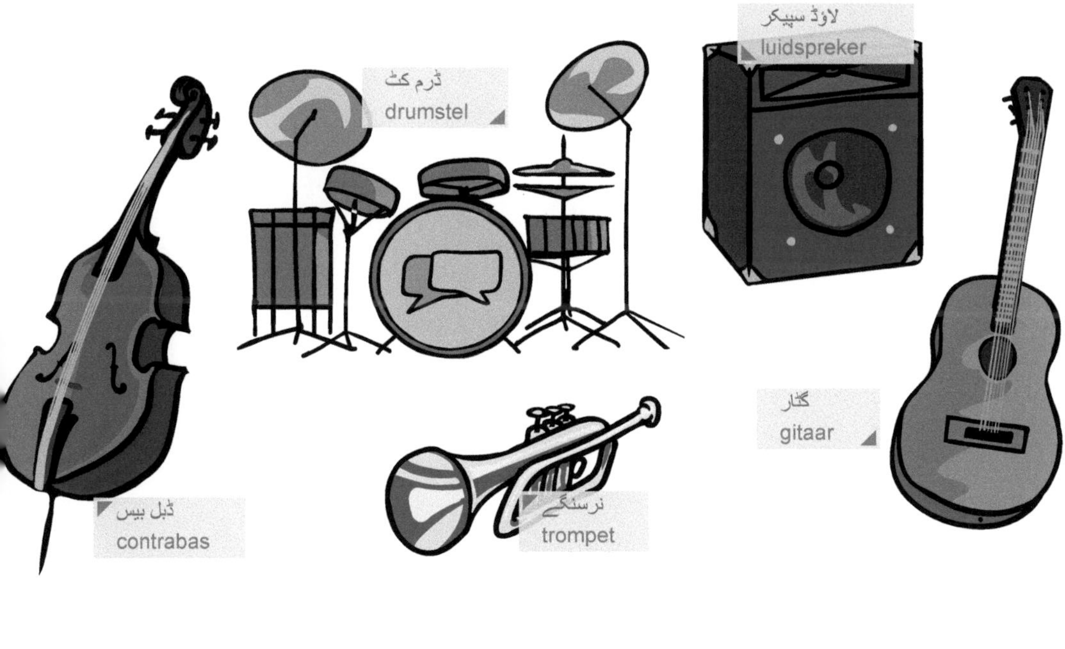
لاؤڈ سپیکر
luidspreker
ڈرم کٹ
drumstel
گٹار
gitaar
ڈبل بیس
contrabas
نرسنگے
trompet

پیانو
....
piano

وائلن
....
viool

بیس
....
basgitaar

ٹمپانی
....
pauk

ڈرمز
....
trommels

کی بورڈ
....
keyboard

سیگزو فون
....
saxofoon

بانسری
....
fluit

مائکروفون
....
microfoon

چڑیا کھار

ZOO

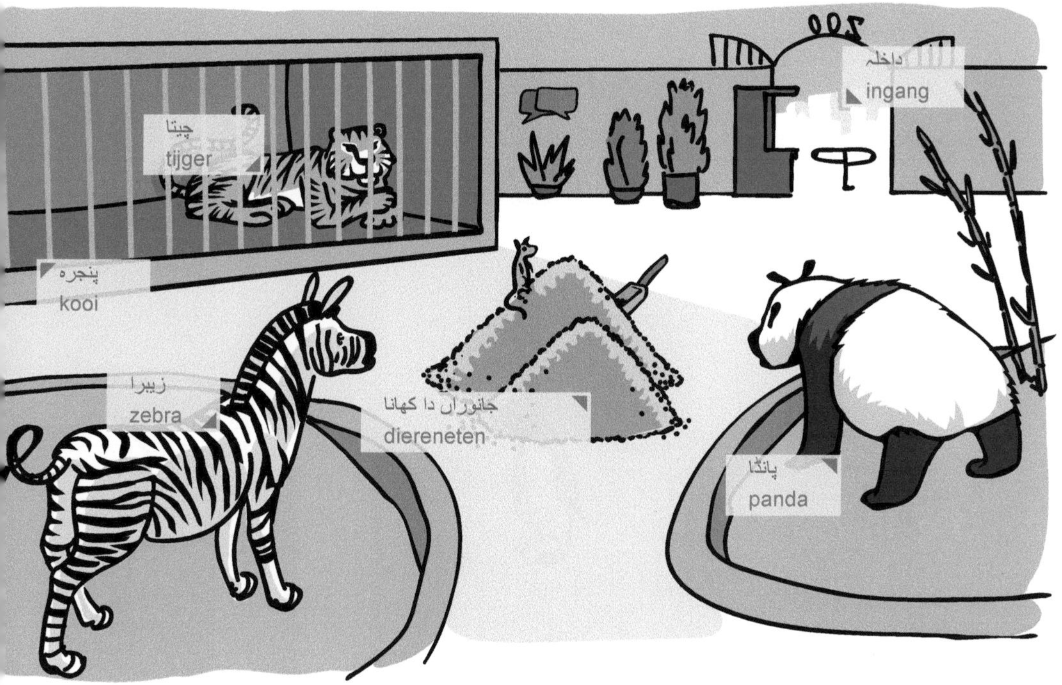
ZOO
داخلہ
ingang
چیتا
tijger
پنجرہ
kooi
زیبرا
zebra
جانوراں دا کھانا
diereneten
پانڈا
panda

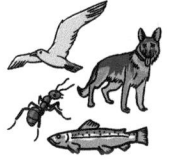

جانور
dieren

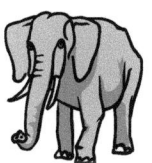

ہاتھی
olifant

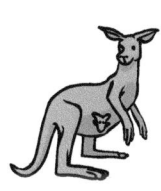

کینگرو
kangoeroe

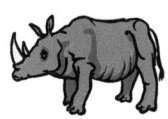

گینڈا
neushoorn

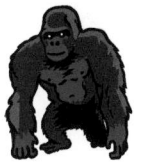

گوریلا
gorilla

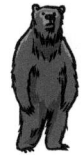

ریچھ
beer

اونٹ

kameel

شترمرغ

struisvogel

شیر

leeuw

باندر

aap

فلیمنگو

flamingo

طوطا

papegaai

برفانی ریچھ

ijsbeer

پینگوئین

pinguïn

شارک

haai

مور

pauw

سپ

slang

مگرمچھ

krokodil

چڑیا گھر دا رکھوالا

dierenverzorger

سیل

zeehond

جیگوار

jaguar

پونی

pony

لیپرڈ

luipaard

ہپو

nijlpaard

زرافہ

giraffe

چیل

adelaar

نر سور

wild zwijn

مچھی

vis

کیچھوا

zeeschildpad

والرس

walrus

لومبڑ

vos

گیزل

gazelle

sporten

امریکن فٹبال
rugby

سائکلنگ
wielrennen

ٹینس
tennis

باسکٹ بال
basketbal

سوئیمنگ
zwemmen

آئس ہاکی
ijshockey

باکسنگ
boksen

فٹبال
voetbal

بیڈ منٹن
badminton

ایتھلیٹکس
atletiek

ہینڈ بال
handbal

سکیینگ
skiën

پولو
polo

activiteiten

چھال مارنا
springen

بنسنا
lachen

چھپی پانا
knuffelen

چلنا
wandelen

گانا گانا
zingen

دعا
bidden

بوسہ
kussen

خواب
dromen

لکھنا
schrijven

لیک لانا
tekenen

وکھانا
tonen

دھکا
duwen

دینا
geven

لینا
nemen

بے وے
....
hebben

کرنا
....
doen

ہو
....
zijn

کھلونا
....
staan

دوڑنا
....
lopen

چیھکنا
....
trekken

سٹنا
....
gooien

ٹھینا
....
vallen

جھوٹ
....
liggen

انتظار
....
wachten

چکنا
....
dragen

بیھنا
....
zitten

کپڑے پانا
....
aankleden

سونا
....
slapen

جاگنا
....
ontwaken

ویکھنا

kijken naar

رونا/چلانا

wenen

سٹروک

aaien

کنگھا

kammen

گل کرنا

praten

سمجھنا

begrijpen

پوچھنا/دسنا

vragen

سننا

luisteren

پینا

drinken

کھانا

eten

تیار ہونا

opruimen

محبت

houden van

پکانا

koken

گڈی چلانا

rijden

اڑنا

vliegen

سمندری سفر

zeilen

کیلکولیٹ

rekenen

پڑھنا

Lezen

سیکھنا

leren

کم

werken

شادی

trouwen

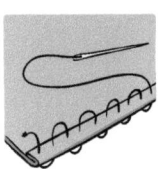

سیونا

naaien

دند صاف

tandenpoetsen

قتل

doden

دھواں

roken

بھیجنا

sturen

کنبہ

familie

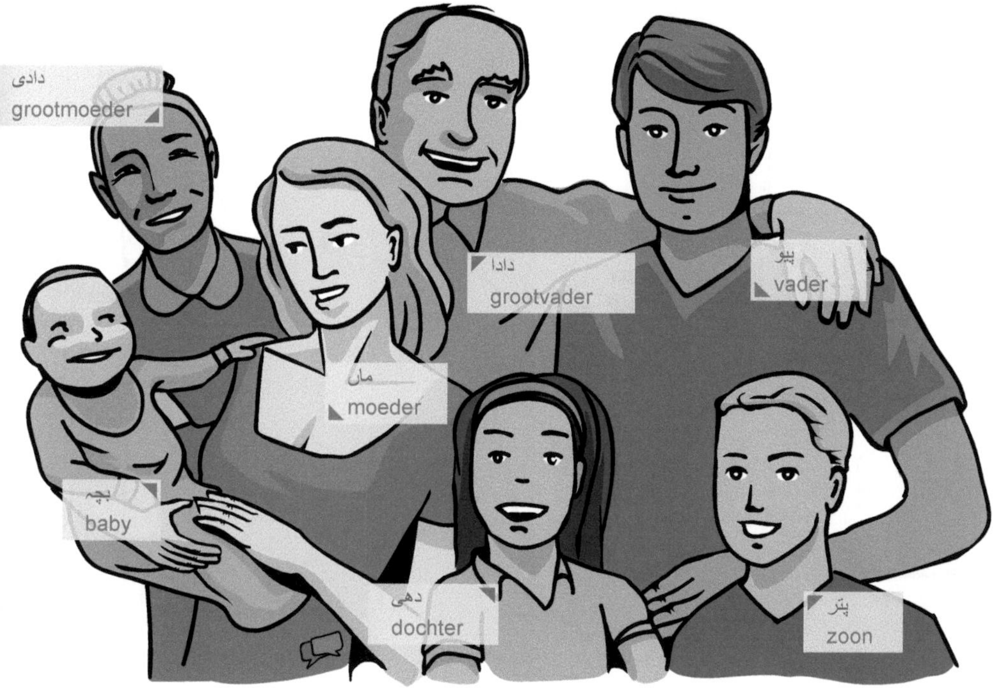
دادی
grootmoeder
دادا
grootvader
پیو
vader
ماں
moeder
بچہ
baby
دھی
dochter
پتر
zoon

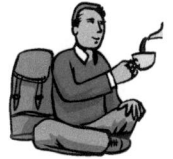

مہمان
gast

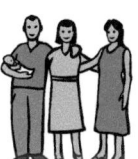

ماسی / پھو
tante

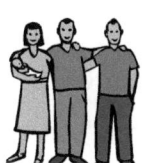

چاچا/ماما
oom

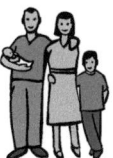

بھرا
broer

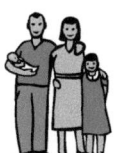

بہن
zus

جسم

lichaam

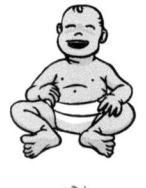

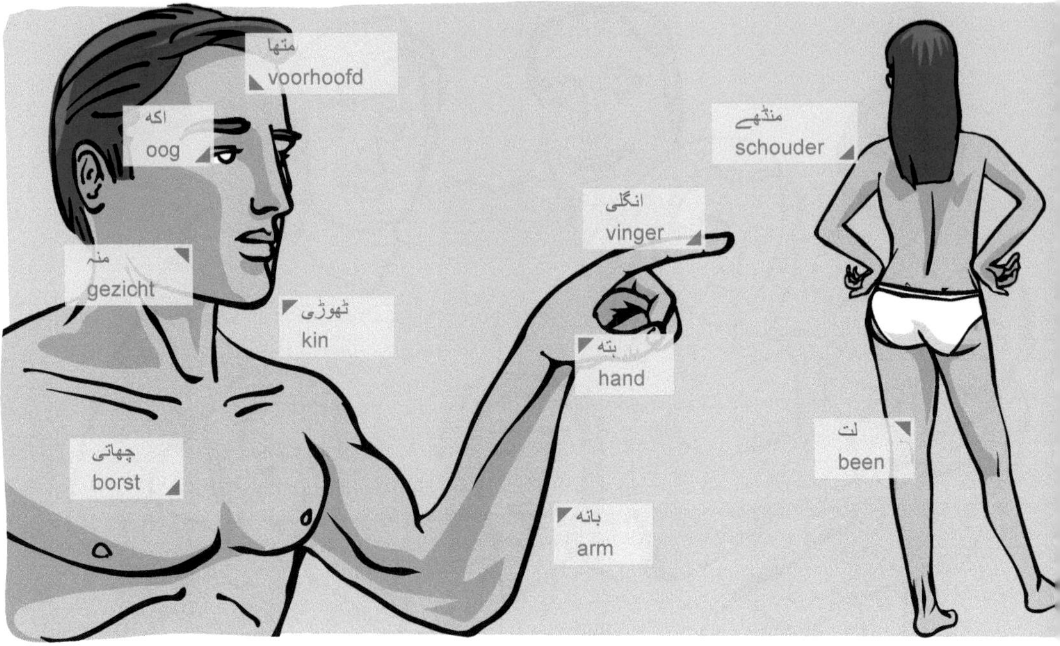
متھا
voorhoofd
اکھ
oog
منہ
gezicht
ٹھوڑی
kin
چھاتی
borst
انگلی
vinger
ہتھ
hand
بانہ
arm
مونڈھے
schouder
لت
been

بچہ
baby

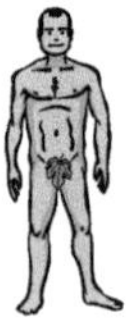
بندہ
man

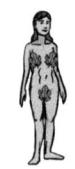

جنانی
vrouw

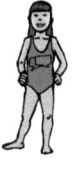

کڑی
meisje

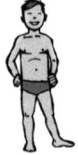

مڑا
jongen

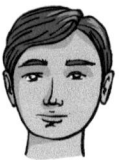

سر
hoofd

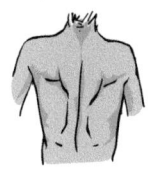

کمر

rug

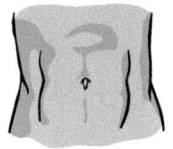

ٹھڈ

buik

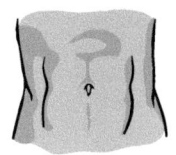

تھنی

navel

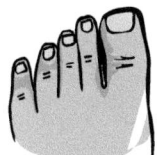

پنجہ

teen

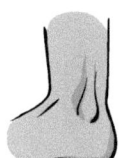

ایڑی

hiel

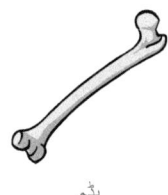

بٹّہ

bot

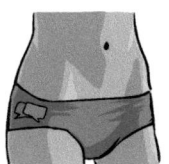

کولہے

heup

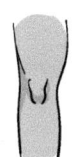

گوڈے

knie

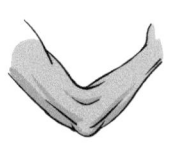

کہنی

elleboog

نک

neus

زیر جامہ

zitvlak

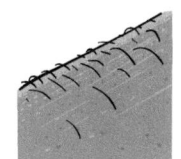

کھل

huid

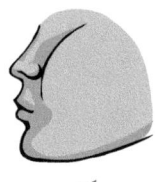

گالاں

wang

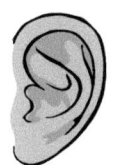

کن

oor

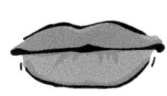

بل

lip

منہ
....
mond

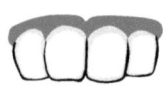

دند
....
tand

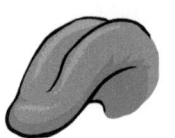

زبان
....
tong

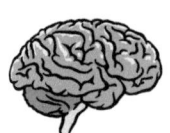

دماغ
....
hersenen

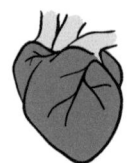

دل
....
hart

پٹھے
....
spier

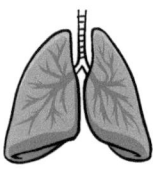

پھیپڑے
....
long

جگر
....
lever

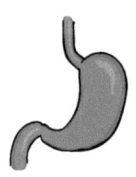

تھڈ
....
maag

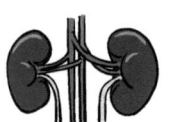

گردے
....
nieren

جنس
....
seks

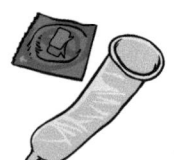

کنڈم
....
condoom

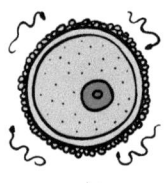

انڈے
....
eicel

منی
....
sperma

حمل
....
zwangerschap

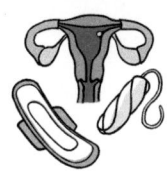

حیض

menstruatie

اندام نہانی

vagina

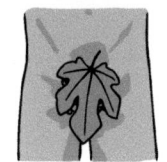

عضو تناسل

penis

بھوں

wenkbrauw

بال

haar

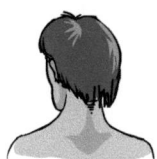

گردن

nek

ہسپتال

ziekenhuis

ہسپتال
ziekenhuis
ایمبولنس
ambulance
وھیل چئیر
rolstoel
فریکچر
breuk

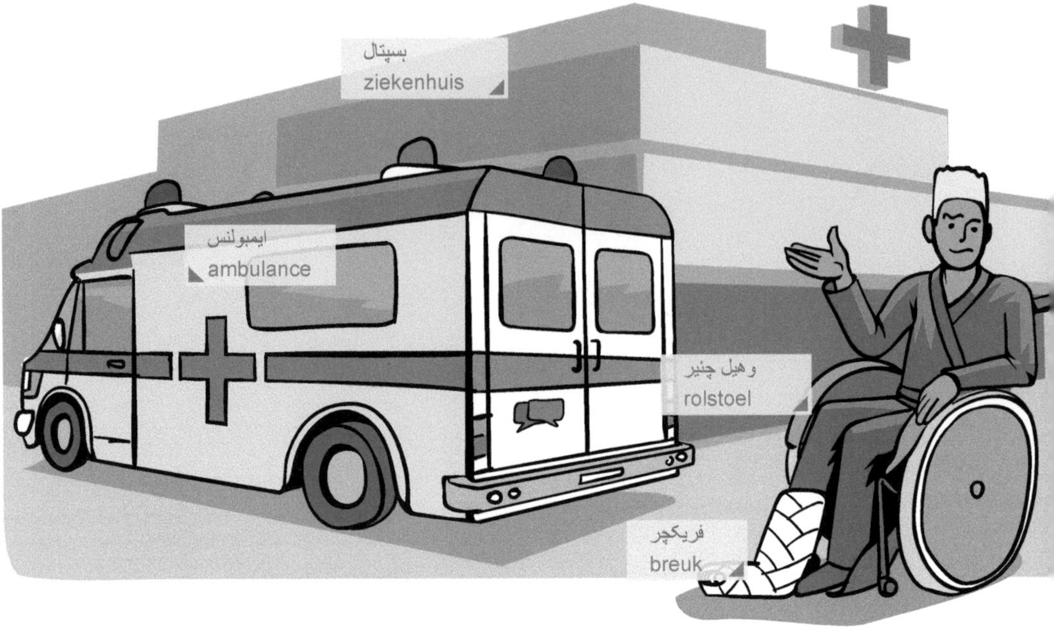

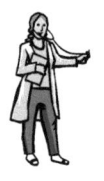

ڈاکٹر

dokter

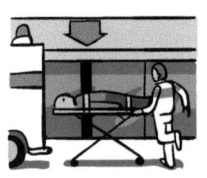

ہنگامی کمرہ

spoed

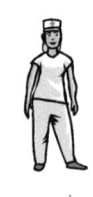

نرس

verpleegkundige

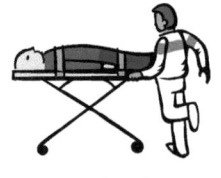

ایمرجنسی

noodgeval

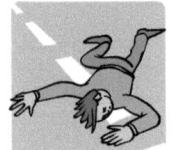

بے ہوش

bewusteloos

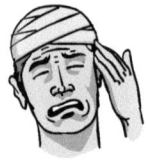

درد

pijn

سٹ
....
verwonding

خون نکلنا
....
bloeding

ہارٹ اٹیک دل کا دورہ
....
hartaanval

فالج
....
beroerte

الرجی
....
allergie

کھنگ
....
hoest

تپ
....
koorts

نزلہ
....
griep

اسہال
....
diarree

سر درد
....
hoofdpijn

کینسر
....
kanker

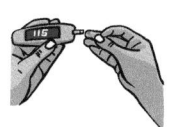

شوگر (سٹیابین)
....
diabetes

سرجن
....
chirurg

سکیلیل
....
scalpel

آپریشن
....
operatie

هسپتال - ziekenhuis   73

سی ٹی
....
CT

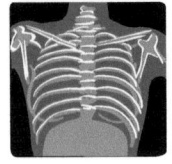

ایکسرے
....
röntgenstraal

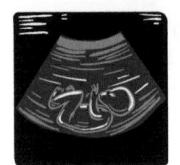

الٹرا ساؤنڈ
....
ultrageluid

چہرہ نا ماسک
....
gezichtsmasker

بماری
....
ziekte

انتظار گاہ
....
wachtkamer

بیساکھی
....
kruk

پلستر
....
pleister

پٹی
....
verband

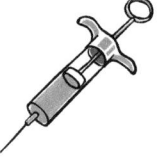

ٹیکہ
....
injectie

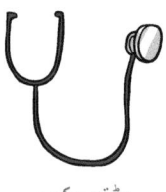

سٹیتھوسکوپ
....
stethoscoop

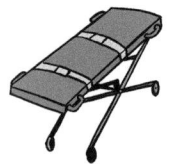

اسٹریچر
....
brancard

کلینکل تھرمومیٹر
....
thermometer

پیدائش
....
geboorte

زائدالوزن
....
overgewicht

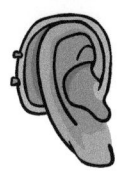

سنن لئی آله

hoorapparaat

جراثیم کش

ontsmettingsmiddel

متعدی مرض

infectie

وائرس

virus

HIV/AIDS

HIV / AIDS

دوائی

medicijn

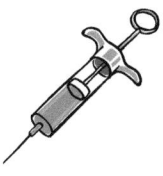

ویکسینیشن

vaccinatie

گولیاں

tabletten

گولی

pil

بنگامی کال

noodoproep

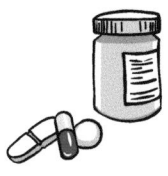

بلڈ پریشر مانیٹر

bloeddrukmeter

بیمار / صحتمند

ziek / gezond

مدد!

Help!

الارم

alarm

حمله

overval

حمله

aanval

خطره

gevaar

ہنگامی اخراج

nooduitgang

اگ!

Brand!

اگ بجاھن والا آلہ

brandblusser

حادثہ

ongeval

فرسٹ ایڈ کٹ

EHBO-kit

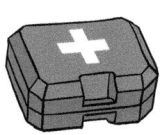

SOS

SOS

پلس

politie

یورپ

Europa

شمالی امریکہ

Noord-Amerika

جنوبی امریکہ

Zuid-Amerika

افریقہ

Afrika

ایشیاء

Azië

آسٹریلیا

Australië

اٹلانٹک

Atlantische Oceaan

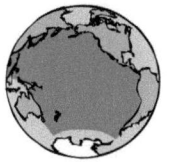

پیسیفک

Stille Oceaan

بحیرہ ہند

Indische Oceaan

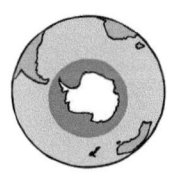

بھیرہ انٹارکٹک

Antarctische Oceaan

بھیرہ آرکٹیک

Arctische Oceaan

قطب شمالی

Noordpool

قطب جنوبی

Zuidpool

انتارکتیکا

Antarctica

زمین

aarde

خشکی

land

سمندر

zee

جزیره

eiland

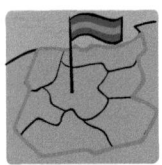

قوم

natie

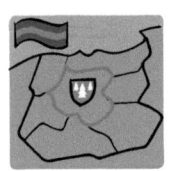

ریاست

staat

کلاک فیس

wijzerplaat

نکی سوئی

uurwijzer

وڈی سوئی

minuutwijzer

سیکنڈ پینڈ

secondewijzer

کی ٹائم ہویا اے؟

Hoe laat is het?

دن

dag

وقت

tijd

ہون

nu

ڈیجیٹل گھڑی

digitale horloge

منٹ

minuut

گھنٹہ

uur

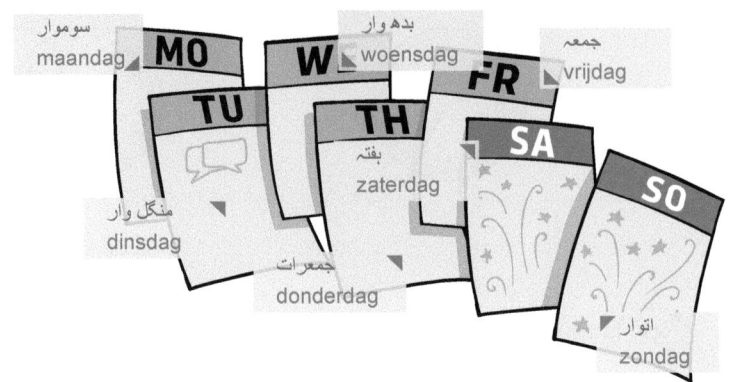

سوموار
maandag

بدھ وار
woensdag

جمعہ
vrijdag

منگل وار
dinsdag

ہفتہ
zaterdag

جمعرات
donderdag

اتوار
zondag

کل
....
gisteren

آج
....
vandaag

کل
....
morgen

سویر
....
ochtend

دوپہر
....
middag

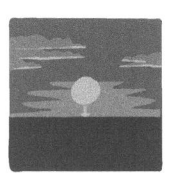

شام
....
avond

کاروباری دن
....
werkdagen

ویک اینڈ
....
weekend

سال

jaar

بارش
regen
رین بو
regenboog
ہوا
wind
برف
sneeuw
بہار
lente
خزاں
herfst
گرمی
zomer
سردی
winter

4.APRIL 11°
5.APRIL 4°
6.APRIL 13°
7.APRIL 8°
8.APRIL 10°

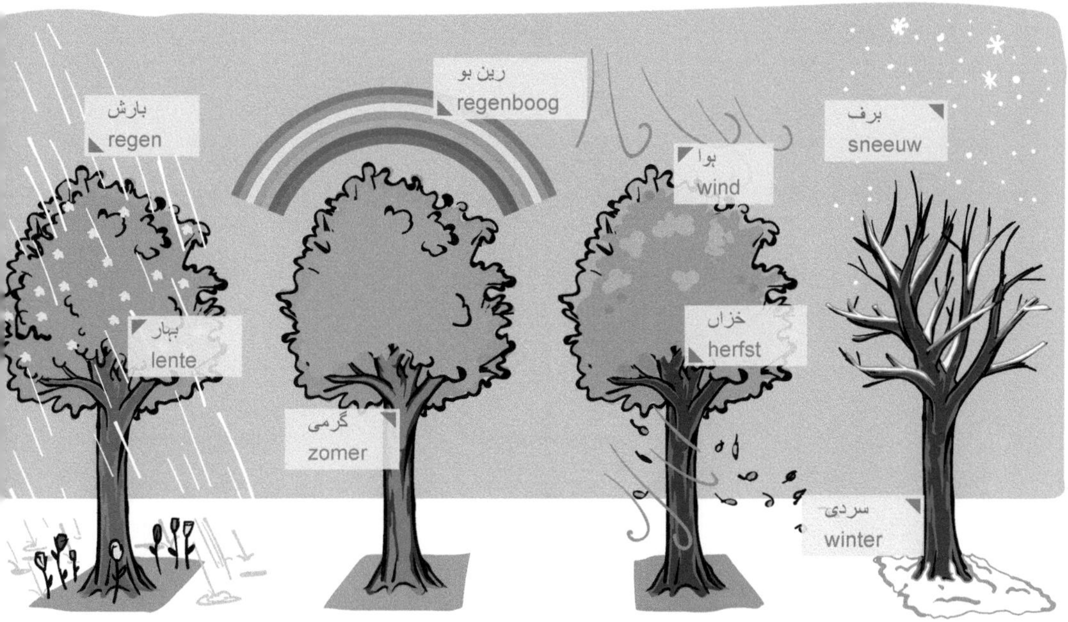

موسمی پیشگوئی

weervoorspelling

F
C
120
90
60
30
0
-30
40
30
20
10
0
-10
-20

تھرمامیٹر

thermometer

سورج نے چمک

zonneschijn

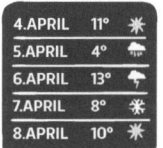

بدل

wolk

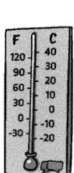

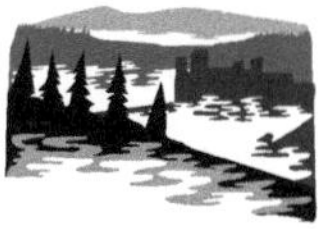

دھند

mist

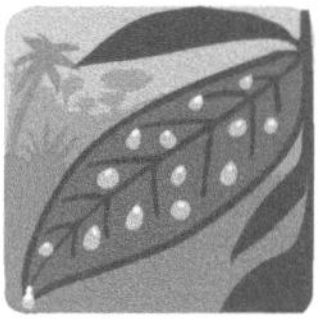

نمی

vochtigheid

بجلی کڑکنا

bliksem

گرج

donder

نھیری

storm

اولے

hagel

ساون

moesson

سیلاب

overstroming

برف

ijs

جنوری

januari

فروری

februari

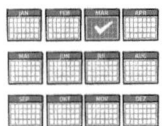

مارچ

maart

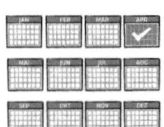

اپریل

april

مئی

mei

جون

juni

جولائی

juli

اگست

augustus

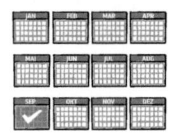

ستمبر

september

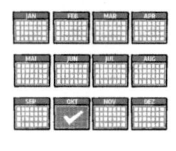

اکتوبر

oktober

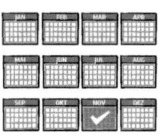

نومبر

november

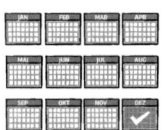

دسمبر

december

شکلاں

vormen

گول

cirkel

چوکور

kwadraat

مستطیل

rechthoek

مثلث

driehoek

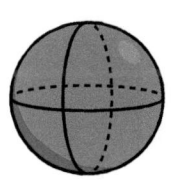

دائره نما

bol

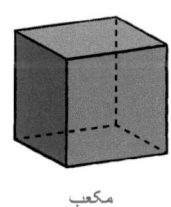

مکعب

kubus

kleuren

چٹا

wit

پیلا

geel

نارنجی

oranje

گلابی

roze

رتا

rood

جامنی

paars

نیلا

blauw

برا

groen

کتھنی

bruin

سرمئی

grijs

کالا

zwart

tegengestelden

زیاده / گھٹ

veel / weinig

ناراض / پرسکون

boos / kalm

خوبصورت / بدصورت

mooi / lelijk

ابتداء / اختتام

begin / einde

وڈا / چھوٹا

groot / klein

روشن / نهيرا

licht / donker

بھرا / بہن

broer / zus

صاف / گندا

proper / vuil

مكمل / نا مكمل

volledig / onvolledig

دن / رات

dag / nacht

مرده / زنده

dood / levend

چوڑا / تنگ

breed / smal

خوردنی / ناقابل خوردنی

eetbaar / oneetbaar

پهیڑا / چنگا

kwaadaardig / vriendelijk

خوش / ناخوش

opgewonden / verveeld

موٹا / پتلا

dik / dun

پہلا / آخری

eerst / laatst

دوست / دشمن

vriend / vijand

بھریا / خالی

vol / leeg

سخت / نرم

hard / zacht

بھاری / ہلکا

zwaar / licht

بھوک / پیاس

honger / dorst

بیمار / صحتمند

ziek / gezond

قانونی / غیر قانونی

illegaal / legaal

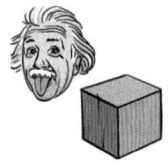

ذہین / بیوقوف

intelligent / dom

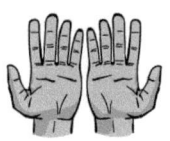

کھبا / سجا

links / rechts

کولے / دور

dichtbij / veraf

نواں / پرانا

nieuw / gebruikt

کجہ نئیں / سب کجہ

niets / iets

بڈھا / جوان

oud / jong

کھولنا / بند کرنا

aan / uit

کھولنا / بند کرنا

open / dicht

خاموشی / شور

stil / luid

امیر / غریب

rijk / arm

درست / غلط

juist / fout

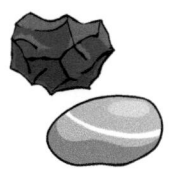

کھردرا / ہموار

ruw / glad

افسردہ / خوش

droevig / blij

نکا / لما

kort / lang

آہستہ / تیز

traag / snel

گیلا / خشک

nat / droog

گرم / ٹھنڈا

warm / koud

جنگ / امن

oorlog / vrede

0

صفر
....
nul

1

اک
....
één

2

دو
....
twee

3

تن
....
drie

4

چار
....
vier

5

پنج
....
vijf

6

چه
....
zes

7

ست
....
zeven

8

اثه
....
acht

9

نو
....
negen

10

دس
....
tien

11

یاران
....
elf

12
باران
twaalf

13
تیراں
dertien

14
چودا
veertien

15
پندره
vijftien

16
سولہ
zestien

17
ستاراں
zeventien

18
اٹھاراں
achtien

19
انیہ
negentien

20
وی
twintig

100
سو
honderd

1.000
ہزار
duizend

1.000.000
ملین
miljoen

انگریزی

Engels

امریکی انگریزی

Amerikaans Engels

چینی مینڈیرین

Chinees (Mandarijn)

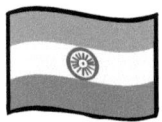

ہندی

Hindi

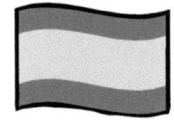

سپینش

Spaans

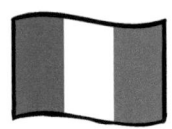

فرینچ

Frans

عربی

Arabisch

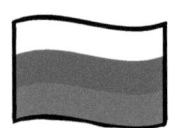

رشئین

Russisch

پرتگالی

Portugees

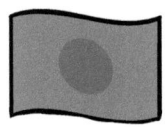

بنگالی

Bengali

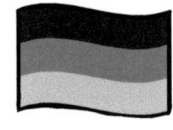

جرمن

Duits

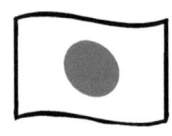

جاپانی

Japans

میں

ik

توں

u

وہ/اوہ/ایہہ

hij / zij / het

اسیں

wij

توں

u

او

ze

کون؟

wie?

کی؟

wat?

کیوں؟

hoe?

کتھے؟

waar?

کدوں؟

wanneer?

نان

naam

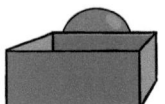

پچھے

achter

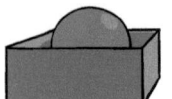

وچ

in

نے سامنے

voor

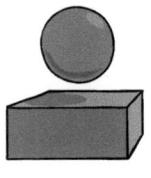

تے

boven

تے

op

ہیٹ

onder

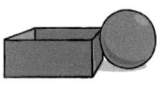

سوا

naast

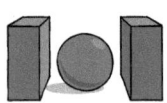

مابین

tussen

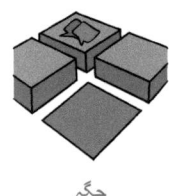

جگہ

plaats